Mit Anne und Philipp im alten Ägypten

Mary Pope Osborne und Will Osborne

Mit Anne und Philipp im alten Ägypten

Bibliografische Information Der Deutschen Bibliothek
Die Deutsche Bibliothek verzeichnet diese Publikation in der
Deutschen Nationalbibliografie; detaillierte bibliografische Daten
sind im Internet über *http://dnb.ddb.de* abrufbar.

Der Umwelt zuliebe ist dieses Buch
auf chlorfrei gebleichtem Papier gedruckt.

ISBN 3-7855-5385-4 – 1. Auflage 2005
Sonderausgabe. Bereits als Einzelbände unter den Originaltiteln
Mummies in the Morning (© 1993 Mary Pope Osborne) und
Magic Tree House Research Guide – Mummies and Pyramids
(Text © 2000 Will Osborne und Mary Pope Osborne,
Illustrationen © 2000 Sal Murdocca) erschienen.
Alle Rechte vorbehalten.
Erschienen in der Original-Serie *Magic Tree House*™.
Magic Tree House™ ist ein Trademark von Mary Pope Osborne,
das der Originalverlag in Lizenz verwendet.
Veröffentlicht mit Genehmigung des Originalverlags,
Random House Children's Books, a division of Random House, Inc.
© für die deutsche Ausgabe 2005 Loewe Verlag GmbH, Bindlach
Als Einzeltitel in der Reihe *Das magische Baumhaus* sind bereits
erschienen: *Das Geheimnis der Mumie* und *Forscherhandbuch Mumien*.
Aus dem Amerikanischen übersetzt von Sabine Rahn,
Cornelia Panzacchi
Umschlagillustration: Jutta Knipping
Umschlaggestaltung: Barbara Weishaupt
Gesamtherstellung: GGP Media GmbH, Pößneck
Printed in Germany

www.loewe-verlag.de

Inhalt

Das Geheimnis der Mumie

Miau! 9
Echte Mumien! 19
Sie lebt! 28
Zurück aus dem Totenreich 33
Die Geisterkönigin 39
Die Schrift an der Wand 45
Die geheimnisvolle Schriftrolle 51
Hilfe für Königin Hutepi 59
Retter auf vier Pfoten 69
Der geheimnisvolle „M" 81

Forscherhandbuch Mumien

Das alte Ägypten 93
Der Alltag 107
Die Religion 121

Mumien 135
Beisetzungen 145
Das Zeitalter der Pyramiden 153
Grabschätze und Grabräuber 165
Die berühmteste aller Mumien 173
Das Erbe der Mumien 185
Register 187

Mary Pope Osborne

Das Geheimnis der Mumie

Aus dem Amerikanischen
übersetzt von Sabine Rahn

Illustriert von Jutta Knipping

Miau!

„Es ist noch da!", sagte Philipp.

„Es sieht aber leer aus", fand Anne.

Philipp und seine siebenjährige Schwester blickten hinauf in die Krone einer mächtigen Eiche. Hoch oben im Baum war ein Baumhaus.

Die frühe Mittagssonne schien durch die Blätter. Es war bald Zeit zum Mittagessen.

„Psst!", machte Philipp plötzlich. „Was war das eben für ein Geräusch?"

„Welches Geräusch?"

„Ich habe ein Geräusch gehört", behauptete Philipp. „Es klang so, als ob jemand hustet."

„Ich habe nichts gehört", sagte Anne. „Komm schon, lass uns hochklettern!" Sie ergriff die Strickleiter und kletterte nach oben.

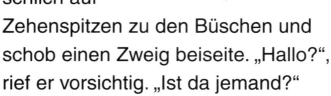

Philipp schlich auf Zehenspitzen zu den Büschen und schob einen Zweig beiseite. „Hallo?", rief er vorsichtig. „Ist da jemand?"

Keine Antwort.

„Komm schon!", rief Anne von oben. „Das Baumhaus sieht noch genauso aus wie gestern."

Philipp hatte immer noch das Gefühl,

dass jemand in der Nähe war. Vielleicht derjenige, der all die Bücher in das Baumhaus gelegt hatte?
„Philipp!"
Philipp starrte ins Gebüsch. Beobachtete derjenige ihn jetzt etwa gerade? War es die Person, deren Name mit dem geheimnisvollen M begann? Vielleicht wollte „M" sein Goldmedaillon zurück, das Philipp bei dem Dinosaurier-Abenteuer gefunden hatte. Oder vielleicht das lederne Lesezeichen aus dem Ritter-Buch? Auf dem Medaillon war ein M – und auf dem Lesezeichen auch. Was es wohl bedeutete?

„Morgen bringe ich alles wieder zurück", versprach Philipp laut.

Ein leichter Wind kam auf und bewegte sanft die Blätter der Bäume.

„Philipp! Komm doch!", rief Anne noch einmal.

Philipp ging zum Fuß der Eiche zurück, ergriff die Strickleiter und kletterte hoch. Oben angelangt, krabbelte er durch die Öffnung in dem hölzernen Fußboden. Er setzte seinen Rucksack ab und rückte sich die Brille zurecht.

„Hmm!", machte Anne. „Welches Buch ist heute dran?"

Sie betrachtete die Bücher, die auf dem Boden des Baumhauses verstreut lagen. Dann hob sie das Ritter-Buch auf.

„Hey! Fühl mal, Philipp! Es ist gar nicht mehr nass!", rief sie überrascht.

„Lass mich mal sehen!" Philipp nahm den Band in die Hand. Er sah gut aus. Dabei war er gestern im Wassergraben einer Burg patschnass geworden.

Dieses Buch hatte Philipp und Anne zurück in die Ritterzeit gebracht. Philipp dankte im Stillen noch einmal dem geheimnisvollen Ritter, der ihnen so sehr geholfen hatte.

„Vorsicht mit dem hier!", warnte Anne. Sie wedelte Philipp mit dem Dinosaurier-Buch vor der Nase herum.

„Leg das lieber weg!", sagte Philipp.

Vorgestern waren sie mit dem Dinosaurier-Buch in die Urzeit zurückgereist.

Dankbar dachte Philipp an das Pteranodon, das sie vor dem Tyrannosaurus rex gerettet hatte.

Anne legte das Dinosaurier-Buch zurück zu den anderen. Dann flüsterte sie begeistert: „Sieh dir das an!" Sie griff nach einem Band über das alte Ägypten.

„Toll!", sagte Philipp und nahm ihr das Buch aus den Händen.

Ein grünes Lesezeichen aus Seide steckte darin.

Philipp schlug die Seite mit dem Lesezeichen auf. Dort war eine Pyramide abgebildet. Auf dem Bild bewegte sich eine lange Prozession auf die Pyramide zu. Vier riesige Ochsen mit Hörnern zogen eine Art Schlitten. Und auf dem Schlitten lag eine lange goldene Kiste. Viele Ägypter gingen hinter dem Schlitten her. Am Ende des Zuges lief eine schlanke schwarze Katze.

„Lass uns dorthin reisen", flüsterte Anne. „Jetzt sofort!"

„Warte mal", sagte Philipp. Er wollte sich das Bild noch etwas genauer anschauen.

„Pyramiden, Philipp!", sagte Anne. „Du findest Pyramiden doch toll!"

Das stimmte. Pyramiden standen ganz oben auf der Liste seiner Lieblingssachen – sie kamen nach den Rittern, aber noch vor den Dinosauriern. Ein ganzes Stück vor den Dinosauriern! Bei Pyramiden musste man zumindest nicht fürchten, aufgefressen zu werden.

„Na gut", sagte er. „Aber nimm du das Buch über Pennsylvania – falls wir schnell hierher zurückkommen wollen!"

Anne suchte das Buch mit dem Bild ihrer Heimatstadt darin: Pepper Hill in Pennsylvania. Dann deutete Philipp auf das Bild mit der Pyramide in dem Ägypten-Buch. Er räusperte sich und sagte: „Ich wünsche mir, dass wir dorthin reisen könnten."

„Miau!"

„Was war das?" Jack sah aus dem Fenster des Baumhauses.

Eine schwarze Katze saß auf dem Ast direkt vor dem Fenster und starrte

Philipp und Anne an. Das war die seltsamste Katze, die Philipp je gesehen hatte. Sie bewegte sich überaus geschmeidig, hatte dunkles Fell und leuchtende gelbe Augen. Um den Hals trug sie ein breites goldenes Halsband.

„Es ist die Katze aus dem Ägypten-Buch", flüsterte Anne.

In dem Augenblick kam Wind auf, und die Blätter draußen raschelten.

„Es geht los!", schrie Anne.

Der Wind wehte heftiger, und die Blätter rauschten lauter.

Philipp schloss die Augen, als das Baumhaus anfing, sich zu drehen. Es drehte sich schneller und immer schneller.

Plötzlich war alles wieder still. Totenstill! Nicht ein einziges Geräusch war zu hören. Nicht einmal ein Flüstern.

Philipp öffnete die Augen. In dem heißen, hellen Sonnenlicht konnte er fast nichts sehen.

„Miau!"

Echte Mumien!

Philipp und Anne blickten aus dem Fenster. Das Baumhaus war auf einer Palme gelandet. Um sie herum standen noch ein paar andere Palmen. Ein grüner Fleck, der von sandiger Wüste umgeben war.

„Miau!"

Philipp und Anne sahen nach unten. Die schwarze Katze saß am Fuß der Palme und starrte mit ihren gelben Augen herauf zu ihnen.

„Hallo, du", rief Anne zu ihr hinunter.

„Psst!", machte Philipp. „Sonst hört dich noch jemand!"

„Mitten in der Wüste?", spottete Anne.

Die schwarze Katze stand auf und lief um die Palme herum.

„He, komm zurück!", rief Anne. Sie lehnte sich aus dem Fenster, um zu sehen, wohin die Katze ging.

„Oh", sagte sie, „sieh doch, Philipp!"

Philipp beugte sich vor und blickte hinunter. Die Katze rannte von den Palmen weg auf eine riesige Pyramide

zu, die mitten in der Wüste stand. Und auf die Pyramide bewegte sich eine Prozession zu – es war die gleiche Prozession wie in dem Ägypten-Buch.

„Genau wie auf dem Bild in dem Buch!", rief Philipp.

„Was tun diese Leute da?", fragte Anne.

Philipp sah in das Buch und las die Erklärung unter dem Bild:

Wenn ein König oder eine Königin starb, fand eine große Beerdigungsprozession statt. Die Familie, die Diener und die Trauernden folgten dem Sarg. Den Sarg nannte man Sarkophag. Er wurde auf einem Schlitten von vier Ochsen gezogen.

„Das ist eine ägyptische Beerdigung!", sagte Philipp. „Und die Kiste nennt man Sarko..., Sakro... – Ach, ist ja nicht so wichtig!"

Er sah wieder aus dem Fenster. Die Ochsen, der Schlitten, die Ägypter und die schwarze Katze – sie alle bewegten sich so langsam wie Schlafwandler.

„Ich mache mir besser mal ein paar Notizen darüber", bemerkte Philipp. Er griff in seinen Rucksack und holte sein Notizbuch heraus. Philipp machte sich immer Notizen.

„Moment", sagte er und schrieb:

Sarg heißt Sarkophag

„Wir sollten uns besser beeilen", sagte Anne, „wenn wir die Mumie noch sehen wollen." Sie kletterte die Strickleiter hinunter.

Philipp sah von seinem Notizbuch auf. „Die Mumie?", fragte er.

„In der goldenen Kiste liegt bestimmt eine Mumie drin!", rief Anne nach oben. „Wir sind im alten Ägypten. Schon vergessen?"

Philipp stand total auf Mumien.

„Tschüss, Philipp!", sagte Anne.

„Warte doch!", rief Philipp ihr nach.

„Mumien", rief Anne ihm zu.

„Oh, Mann!", flüsterte Philipp.

„Mumien!"

Anne wusste genau, womit sie ihn ködern konnte!

Philipp schob sein Notizbuch, den Stift und das Ägypten-Buch in seinen Rucksack. Dann kletterte er die Leiter nach unten.

Unten angekommen, lief er mit Anne los, durch den Sand.

Aber während sie rannten, passierte etwas Seltsames.

Je näher sie der Prozession kamen, desto schlechter konnten sie sie erkennen. Dann war sie plötzlich nicht mehr da. Die seltsame Prozession war verschwunden, einfach weg.

Aber die große steinerne Pyramide stand noch da und erhob sich mächtig vor ihnen.

Außer Atem sah Philipp sich um. Was war geschehen? Wo waren all die Leute? Die Ochsen? Die goldene Kiste? Die Katze?

„Sie sind einfach weg", sagte Anne.

„Wo sind sie nur hin?", fragte Philipp.

„Vielleicht waren es ja nur Geister?", meinte Anne.

„Unsinn. Es gibt keine Geister", sagte Philipp. „Ich glaube, es war eine Fata Morgana."

„Eine was?", fragte Anne.

„Eine Fata Morgana. So etwas gibt es in der Wüste dauernd", behauptete Philipp. „Es sieht aus, als wäre da irgendetwas. Aber dann ist es doch nur die Sonne, die etwas in der Hitze gespiegelt hat."

„Wie soll denn das Sonnenlicht wie eine Menge Leute, eine Mumien-Kiste und ein paar Kühe aussehen können?", fragte Anne.

Philipp runzelte die Stirn.

„Geister", sagte sie.

„Unmöglich!", widersprach Philipp.

„Schau mal!" Anne deutete auf die Pyramide. An ihrem Sockel sahen sie die geschmeidige schwarze Katze.

Sie stand dort ganz allein und starrte Philipp und Anne an.

„Die ist keine Fata Morgana", sagte Anne.

Die Katze schlich sich davon. Sie ging am Sockel der Pyramide entlang und verschwand um eine Ecke.

„Wo geht sie hin?", fragte Philipp.

„Lass uns nachschauen!", schlug Anne vor. Sie rannte um die Ecke – gerade rechtzeitig, um zu sehen, wie die Katze in einer Öffnung der Pyramide verschwand.

Sie lebt!

„Wo ist sie bloß hin?", fragte Philipp.
 Die beiden Geschwister spähten durch die Öffnung.
 Sie erblickten einen langen Gang, der von brennenden Fackeln an den Wänden erleuchtet wurde. Dunkle Schatten lauerten drohend.

„Komm, gehen wir rein", schlug Anne vor.

„Moment noch", sagte Philipp. Er nahm das Ägypten-Buch heraus und blätterte zu dem Kapitel über Pyramiden. Dann las er laut vor:

Man nannte Pyramiden auch „Häuser der Toten". Sie waren fast ganz aus massivem Stein gebaut, bis auf die Totenkammer tief im Inneren.

„Klingt spannend. Lass uns reingehen. Zu der Totenkammer", sagte Anne. „Ich wette, die Mumie ist dort!"

Philipp holte tief Luft. Dann trat er aus dem heißen, hellen Sonnenlicht in die kühle, dunkle Pyramide.

In dem Gang war es ganz still. Boden, Decke, Wände – alles war aus Stein.

Von hier aus stieg der Boden leicht an.

„Wir müssen weiter nach drinnen gehen!", sagte Anne.

„Gut", sagte Philipp, „Aber bleib dicht hinter mir. Nicht sprechen. Und auch nicht ..."

„Geh! Los, geh schon!", sagte Anne. Sie gab ihm einen kleinen Schubs.

Philipp ging den leicht ansteigenden Gang weiter. Wo war die Katze geblieben? Der schmale Korridor führte immer tiefer in die Pyramide.

„Bleib mal stehen", sagte Philipp. „Ich will etwas nachschauen."

Er schlug das Ägypten-Buch noch einmal auf und hielt es unter eine der Fackeln an der Wand. Die aufgeschlagene Seite zeigte ein Bild vom Inneren der Pyramide.

„Die Totenkammer ist in der Mitte der Pyramide, siehst du?", sagte Philipp. Er deutete auf die Abbildung. „Sieht aus, als müssten wir immer weiter geradeaus gehen."

Philipp klemmte sich das Buch wieder unter den Arm. Dann gingen sie tiefer in die Pyramide hinein.

Bald wurde der Boden eben. Die Luft roch jetzt auch anders: abgestanden und schal.

Philipp schlug das Buch wieder auf. „Ich glaube, wir müssten jetzt bald in der Totenkammer sein. Guck mal auf das Bild: Erst steigt der Gang an, dann wird es eben, und dann kommt man zur Totenkammer. Siehst du, hier ..."

„Iiiiiieeh!" Ein unheimlicher Schrei hallte durch die Pyramide.

Philipp ließ das Buch fallen.

Aus dem Schatten kam eine weiße Gestalt. Sie kam direkt auf sie zu! Eine Mumie!

„Sie lebt!", schrie Anne.

Zurück aus dem Totenreich

Philipp zog Anne zu Boden.

Die weiße Gestalt hastete an ihnen vorüber und verschwand im Schatten.

„Eine Mumie", flüsterte Anne fassungslos, „... zurückgekehrt aus dem Totenreich!"

„Un... Unsinn", stotterte Philipp, „Mumien sind nicht lebendig!"

Er griff zum Ägypten-Buch.

„Was ist denn das?", fragte Anne.

Sie hob etwas vom Boden auf. „Das hat die Mumie verloren."

Es war ein goldener Stab. Ungefähr dreißig Zentimeter lang. An einem Ende war ein geschnitzter Hundekopf.

„Sieht aus wie ein Zepter", fand Philipp.

„Was ist denn ein Zepter?", fragte Anne.

„Das ist dieses Ding, das Könige und Königinnen immer tragen", erklärte Philipp. „Es bedeutet, dass sie Macht über das Volk haben."

„Komm zurück, Mumie!", schrie Anne. „Wir haben dein Zepter gefunden. Komm zurück! Wir wollen dir helfen!"

„Pssst!", machte Philipp. „Bist du verrückt?"

„Aber die Mumie –"

„Das war keine Mumie, sondern ein Mensch, ein richtiger Mensch!", sagte Philipp.

„Was sucht ein lebendiger Mensch in einer Pyramide?", fragte Anne.

„Ich weiß auch nicht", gab Philipp zu.

„Vielleicht steht ja etwas in unserem Buch." Er blätterte, und schließlich fand er ein Bild von einem Menschen in einer Pyramide. Er las vor:

Oft stahlen Grabräuber die Schätze, die mit den Mumien begraben wurden. Deshalb wurden manchmal falsche Gänge gebaut, um die Grabräuber aufzuhalten.

Philipp schlug das Buch zu. „Doch keine lebende Mumie", sagte er. „Nur ein Grabräuber."

„Oh! Ein Grabräuber?"

„Ja, ein Räuber, der Sachen aus Gräbern stiehlt", erklärte Philipp.

„Und was ist, wenn der Räuber zurückkommt?", fragte Anne. „Wir sollten lieber gehen!"

„Du hast Recht", stimmte Philipp ihr zu. „Aber erst will ich noch etwas notieren."

Er steckte das Ägypten-Buch in seinen Rucksack, nahm Notizbuch und Stift heraus und schrieb:

Grabräuber

„Philipp", flüsterte Anne.

„Einen Moment", murmelte Philipp und schrieb weiter:

Grabräuber wollte stehlen

„Philipp! Schau doch!", flüsterte Anne.

Philipp fühlte einen kühlen Luftzug. Er sah auf – und eine Welle des Entsetzens ergriff ihn.

Wieder bewegte sich eine Gestalt langsam auf sie zu. Aber diesmal war es kein Grabräuber.

Nein, es war eine Dame, eine wunderschöne Ägypterin.

Sie trug Blumen in ihrem schwarzen Haar. Das lange weiße Gewand fiel in unzähligen kleinen Falten, und ihr goldener Schmuck glitzerte.

„Hier, Philipp", flüsterte Anne. „Gib ihr das zurück."

Sie reichte ihm das goldene Zepter.

Die schöne Dame blieb direkt vor ihnen stehen. Philipp reichte ihr den Stab. Seine Hände zitterten.

Dann schluckte er – denn das Zepter ging durch die Hand der schönen Dame hindurch. Sie bestand nur aus Luft!

Die Geisterkönigin

„Ein Geist!", flüsterte Anne.

Aber Philipp konnte sie nur entsetzt anstarren.

Die Geisterdame begann zu sprechen. Sie hatte eine hohle, hallende Stimme.

„Ich bin Hutepi", sagte sie. „Königin des Nil. Ist es wahr, dass ihr gekommen seid, um mir zu helfen?"

„Ja!", antwortete Anne.

Philipp hatte es immer noch die Sprache verschlagen.

„Seit eintausend Jahren warte ich auf Hilfe", fuhr die Geisterkönigin fort.

Philipps Herz schlug so heftig, dass

er fürchtete, er würde ohnmächtig werden.

„Jemand muss mein Totenbuch finden", sagte sie. „Ich brauche es, damit ich in das nächste Leben eintreten kann."

„Warum brauchen Sie dazu ein Totenbuch?", fragte Anne. Sie schien überhaupt keine Angst zu haben.

„Darin stehen die Zaubersprüche, die ich kennen muss, um durch die Unterwelt zu wandern", erklärte Hutepi.

„Die Unterwelt?", fragte Anne.

„Ehe ich in mein nächstes Leben eintreten kann, muss ich durch die Schrecken der Unterwelt wandern."

„Was für Schrecken?", fragte Anne.

„Giftige Schlangen", antwortete die Geisterkönigin, „Seen aus Feuer, Monster, Dämonen ..."

„Oh!" Anne drängte sich näher an Philipp.

„Mein Bruder hat das Buch der Toten versteckt, damit Grabräuber es nicht stehlen können", erklärte die Geisterkönigin. „Dann hat er diese Geheimbotschaft in die Wand meißeln lassen, damit ich weiß, wo ich es finden kann."

Sie deutete auf die Wand.

Philipp stand immer noch unter Schock. Er konnte sich einfach nicht bewegen.

„Wo?", fragte Anne. „Hier?" Sie blinzelte und starrte an die Wand. „Was bedeuten diese winzigen Bilder?"

Die Geisterkönigin lächelte traurig. „Leider hat mein Bruder nicht bedacht, dass ich diese seltsame Krankheit habe. Ich kann nicht klar erkennen, was dicht vor meinen Augen steht. Deshalb habe ich diese Botschaft seit tausend Jahren nicht entschlüsseln können."

„Oh, das ist überhaupt keine seltsame Krankheit", sagte Anne. „Philipp kann das auch nicht sehen. Deshalb trägt er eine Brille."

Die Geisterkönigin starrte Philipp erstaunt an.

„Philipp, leih ihr doch mal deine Brille", sagte Anne.

Philipp nahm seine Brille ab und reichte sie der Geisterkönigin. Sie trat einen Schritt zurück.

„Ich fürchte, ich kann deine Brille nicht aufsetzen, Philipp", sagte sie bedauernd. „Ich bestehe ja nur noch aus Luft."

„Oh, das hatte ich vergessen",
murmelte Anne.
„Aber vielleicht könntet ihr mir die
Hieroglyphen hier an der Wand ja
beschreiben?", schlug die Geisterkönigin vor.
„Hiero-was?", fragte Anne.
„Hieroglyphen", wiederholte Philipp,
der endlich seine Sprache wieder
gefunden hatte.
„So haben die alten Ägypter
geschrieben. Es ist eine Schrift, die
aus Bildern besteht."
Die Geisterkönigin lächelte ihn an.
„Danke, Philipp", sagte sie.
Philipp lächelte zurück. Er setzte
seine Brille wieder auf, dann trat er
einen Schritt vor und betrachtete die
Bilder an der Wand genauer.
„Wahnsinn!", flüsterte er.

Die Schrift an der Wand

Philipp und Anne starrten an die Wand.
Eine Reihe von kleinen Bildern war in
den Stein gemeißelt.

„Hier sind vier Bilder", berichtete
Philipp der Geisterkönigin.
„Beschreibe sie mir bitte, Philipp.
Eins nach dem anderen", bat sie.
Philipp betrachtete das erste Bild.

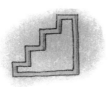

„Okay", sagte er. „Das erste sieht so aus." Er zeichnete mit seinem Finger eine Zickzack-Linie in die Luft.
„Wie eine Treppe?", fragte die Geisterkönigin.
„Ja, eine Treppe!", rief Philipp. „Genau wie eine Treppe."
Sie nickte.
Das war ja noch einfach.
Philipp sah sich das zweite Bild an.

„Bei dem zweiten ist eine längliche Kiste ganz unten", sagte er und zeichnete sie in die Luft.
Die Geisterkönigin sah verwirrt aus.
„Und obendrauf schauen drei Dinger

heraus. Ungefähr so", erklärte Anne. Sie malte drei Wellenlinien in die Luft.

Die Geisterkönigin sah immer noch verdutzt aus.

„So ähnlich wie ein Hut", sagte Philipp.

„Ein Hut?", fragte die Geisterkönigin.

„Nein, eher wie ein Boot", fand Anne.

„Ein Boot?" Hutepi wurde ganz aufgeregt. „Ein Boot?"

Philipp betrachtete das Bild an der Wand noch einmal.

„Könnte auch ein Boot sein", sagte er.

Die Geisterkönigin sah richtig froh aus. Sie lächelte.

„Ja", sagte sie, „natürlich!"

Philipp und Anne kamen zum nächsten Bild.

„Das dritte Bild sieht aus wie dieses Ding, in das man Blumen stellt", beschrieb Anne.

„Oder in das man Wasser füllt", ergänzte Philipp.

„Wie ein Krug?", fragte die Geisterkönigin.

„Genau!", rief Philipp.

„Ja, ein Krug", sagte Anne.

Philipp und Anne sahen sich das letzte Bild an.

„Und dieses letzte sieht aus wie ein Pfahl, der im oberen Teil schlaff nach unten sinkt", fand Anne.

„Wie ein gebogener Stock", erklärte Philipp, „aber eine Seite ist kürzer als die andere."

Die Geisterkönigin sah die Geschwister verständnislos an.

„Moment", sagte Philipp. „Ich zeichne es in mein Notizbuch. Ganz groß, damit Sie es sehen können."

Philipp legte das Zepter zur Seite, holte sein Notizbuch und den Stift heraus und zeichnete die Hieroglyphe.

„Ein gefaltetes Tuch", sagte die Geisterkönigin.

„Nicht direkt ...", widersprach Philipp.

„Aber genau das bedeutet dieses Zeichen", erklärte die Geisterkönigin.

„Ach so", sagte Philipp.

Er sah sich die vierte Hieroglyphe noch einmal an. Er konnte aber immer noch kein gefaltetes Tuch erkennen. Höchstens vielleicht ein Handtuch, das auf einem Handtuchhalter hängt.

„So, das waren jetzt alle", sagte Anne. Sie deutete auf jedes einzelne Bild: „Treppe, Boot, Krug, gefaltetes Tuch."

Philipp malte die Hieroglyphen in sein Notizbuch.

„Und was bedeutet diese Nachricht nun?", fragte er die Geisterkönigin.

„Kommt", erwiderte sie und streckte ihre Hand aus, „folgt mir in meine Totenkammer!"

Mit diesen Worten schwebte sie davon.

Die geheimnisvolle Schriftrolle

Philipp packte sein Notizbuch, den Stift und das Zepter in seinen Rucksack. Die Geschwister folgten der Geisterkönigin immer tiefer in die Pyramide, bis sie zu einigen Stufen kamen.

„Die *Treppe*!", riefen Philipp und Anne.

Die Geisterkönigin schwebte die Stufen hinauf. Philipp und Anne gingen ihr hinterher.

Dann schwebte Hutepi durch eine hölzerne Tür. Philipp und Anne lehnten sich dagegen, und langsam ging sie auf. Sie betraten einen kalten Raum.

Die Geisterkönigin war verschwunden.

Schwaches Fackellicht erhellte den riesigen Raum. Er hatte eine sehr hohe Decke. Auf einer Seite standen Stühle, Tische und Musikinstrumente. Auf der anderen Seite befand sich ein kleines hölzernes Boot.

„Das *Boot*!", rief Philipp.

„Was soll denn ein Boot in der Pyramide von Königin Hutepi?", fragte Anne.

„Vielleicht soll es sie in das nächste Leben bringen?", vermutete Philipp.

Die beiden gingen hinüber zu dem Boot und sahen hinein.

Eine Menge Sachen lag darin: goldene Teller, bemalte Becher, juwelenbesetzte Kelche, geflochtene Körbe, Geschmeide mit blauen Steinen, kleine hölzerne Figuren ...

„Sieh mal!", rief Philipp.

Er fasste in das Boot und hob einen Tonkrug heraus.

„Der *Krug*!", rief Anne.

Philipp schaute in den Krug.

„Da steckt etwas drin!", sagte er aufgeregt.

„Was denn?", fragte Anne.

Philipp steckte eine Hand in den Krug.

„Fühlt sich an wie eine Serviette", meinte er.

„Das *gefaltete Tuch*!", rief Anne.

Philipp fasste in den Krug und zog das gefaltete Tuch heraus. Es war um eine Schriftrolle gehüllt, die sehr alt aussah.

Philipp rollte die Schriftrolle vorsichtig auseinander.

Sie war voller wunderbarer Hieroglyphen.

„Das Buch der Toten!", flüsterte Anne. „Wir haben es gefunden! Wir haben ihr Buch gefunden!"

„Oh, Mann!", sagte Philipp und fuhr mit einem Finger über die Schriftrolle. Es fühlte sich an wie uraltes Papier.

„Königin Hutepi!", rief Anne. „Wir haben es! Wir haben Ihr Buch der Toten gefunden!"

Stille.

„Königin Hutepi!"

Da ging auf der anderen Seite des Raumes knarrend eine Tür auf.

„Da!", rief Anne, „vielleicht ist sie dort drinnen!"

Philipps Herz klopfte wieder schneller. Ein kalter Luftzug wehte durch die offene Tür.

„Los, komm!", rief Anne.

„Warte –"

„Nein", sagte Anne. „Sie hat tausend Jahre nach ihrem Buch gesucht. Lass sie nicht noch länger warten!"

Philipp steckte die alte Schriftrolle in seinen Rucksack. Dann durchquerten Anne und er den zugigen Raum.

Sie erreichten die offene Tür. Anne ging zuerst hindurch.

„Beeil dich, Philipp!", sagte sie.

Philipp folgte ihr in das andere Zimmer. Es war fast leer – außer einer länglichen goldenen Kiste. Der Deckel lag auf dem Boden.

„Königin Hutepi?", rief Anne.

Stille.

„Wir haben es gefunden", sagte Anne, „Ihr Buch der Toten."

Die Geisterkönigin war nirgendwo zu sehen. Die goldene Kiste glühte.

Philipp hielt vor Aufregung die Luft an. „Lass uns die Schriftrolle einfach auf den Boden legen und gehen", schlug er vor.

„Du musst keine Angst haben", sagte Anne. „Komm schon!"

Anne hakte Philipp unter. Gemeinsam gingen sie weiter – auf die goldene Kiste zu. Vor der Kiste blieben sie stehen und spähten hinein.

Hilfe für Königin Hutepi

Eine echte Mumie! Um den kahlen Schädel waren noch Bandagen gewickelt. Aber über dem Gesicht waren sie fast alle abgefallen.

Es war Hutepi, die Königin des Nil. Man konnte ihre zerbrochenen Zähne sehen, ihre kleinen, schrumpeligen Ohren, die eingedrückte Nase und ihre tief eingesunkenen Augenhöhlen.

Die brüchigen Bandagen, die um ihren Körper gewickelt waren, hatten sich teilweise auch schon gelöst. Man konnte ihre Knochen sehen.

„Iih! Grässlich!", rief Anne. „Lass uns gehen!"

„Nein", sagte Philipp, „das ist doch interessant!"

„Auf keinen Fall!", sagte Anne und lief aus dem Raum.

„Warte doch, Anne!"

„Komm schon, Philipp! Beeil dich!", rief Anne. Sie stand schon an der Tür.

Philipp nahm das Ägypten-Buch und blätterte zu einem Bild von einer Mumie. Er las laut vor:

Die alten Ägypter versuchten, den Leichnam haltbar zu machen. Zuerst wurde er mit Salz ausgetrocknet.

„Uhh! Hör auf!", rief Anne.

„Hör doch mal zu!", sagte Philipp und las weiter:

Danach wurde der Leichnam in Öl gelegt. Anschließend umwickelte man ihn fest mit Bandagen. Das Gehirn entfernte man ...

„Igitt! Hör auf!", rief Anne. „Ich gehe!" Sie lief aus dem Raum.

„Anne!", schrie Philipp ihr hinterher. „Wir müssen ihr doch das Buch der Toten geben!" Aber Anne war weg.

Philipp holte die Schriftrolle und das Zepter aus seinem Rucksack und legte sie neben die Mumie.

Bildete er sich das nur ein, oder klang ein tiefer Seufzer durch den Raum? Und die Gesichtszüge der Mumie sahen auf einmal viel ruhiger aus.

Philipp lief so schnell er konnte davon: raus aus dem Mumienzimmer, raus aus dem Raum mit dem Boot und die Stufen hinunter.

Am Ende der Treppe blieb er stehen und stieß einen Seufzer der Erleichterung aus. Er schaute den Gang entlang. Er war leer.

„Hey!", rief er. „Wo bist du?"

Keine Antwort. Wo in aller Welt war Anne?

Philipp lief den Gang entlang. „Anne!", rief er.

War sie etwa schon aus der Pyramide gelaufen? War sie schon draußen im Freien?

„Anne!"

„Hilfe! Philipp!" Annes Stimme klang ganz weit weg. Wo war sie nur?

„Hilfe! Philipp!"

„Anne!" Philipp rannte den düsteren Gang entlang.

„Philipp, hilf mir!"

Philipp blieb stehen. Er entfernte sich ja von der Stimme. „Anne!", rief er.

Er ging zurück in Richtung Totenkammer.

„Philipp!" Da! Jetzt klang ihre Stimme wieder lauter.

„Philipp!" Noch lauter!

Philipp kletterte die Treppe wieder hinauf und ging zurück in den Raum mit dem Boot.

Er sah sich um. Er musterte die Möbel, die Musikinstrumente, das Boot.

Dann bemerkte er die andere Tür. Sie war direkt neben der Tür, durch die er gerade gekommen war. Und sie war offen.

Philipp lief hindurch und stand am oberen Ende einer Treppe.

Sie sah genauso aus wie die Treppe in dem anderen Gang.

Er stieg die Treppe hinunter. Auch hier wurde der Gang von Fackeln erhellt.

„Anne!", rief er wieder.

„Philipp!"

„Anne!"

„Philipp!"

Sie lief ihm durch den Gang entgegen und stieß mit ihm zusammen.

„Ich hatte mich verirrt", weinte sie.

„Ich vermute, das ist einer der falschen Gänge, die gebaut wurden, um Räuber in die Irre zu leiten", meinte Philipp.

„Ein falscher Gang?", fragte Anne und atmete heftig.

„Genau", antwortete Philipp. „Er sieht genauso aus wie der richtige Gang. Wir müssen einfach in den Boots-Raum zurückgehen und von dort aus die richtige Tür nehmen."

In diesem Augenblick hörten sie ein knarrendes Geräusch.

Philipp und Anne drehten sich erschrocken um. Sie blickten die Treppe hinauf.

Dann beobachteten sie entsetzt, wie sich die Tür langsam schloss. Ein tiefes Grollen kam aus der Ferne. Jetzt gingen alle Fackeln aus.

Retter auf vier Pfoten

Es war stockdunkel.

„Was war das?", fragte Anne.

„Ich weiß auch nicht", antwortete Philipp. „Etwas Unheimliches. Wir müssen hier ganz schnell raus. Lass uns die Tür wieder aufdrücken!"

„Gute Idee", sagte Anne mit ängstlicher Stimme.

Sie tasteten sich in der Dunkelheit die Stufen hinauf.

„Keine Angst, es wird bestimmt alles wieder gut", sagte Philipp. Er versuchte, ganz ruhig zu bleiben.

„Ja, natürlich", antwortete Anne.

Die beiden lehnten sich gegen die

hölzerne Tür und drückten dagegen. Die Tür bewegte sich nicht. Die Geschwister drückten fester. Umsonst. Philipp keuchte. Er war ganz außer Atem und konnte kaum ruhig bleiben.
„Was sollen wir jetzt machen?",
fragte Anne.
„Lass uns ... lass uns einen Moment ausruhen", sagte Philipp keuchend. Er versuchte mit klopfendem Herzen, in der Dunkelheit etwas zu erkennen.
„Vielleicht sollten wir den Gang entlanggehen", schlug er vor. „Vielleicht kommen wir ja irgendwann doch zu einem Ausgang?" Er glaubte das selbst nicht richtig. Aber sie hatten gar keine andere Wahl.
„Komm!", sagte er. „Immer der Wand folgen."

Philipp tastete sich an der Steinmauer entlang und stieg langsam die Stufen wieder hinunter. Anne folgte ihm. Philipp ging den dunklen Gang weiter. Es war unmöglich, irgendetwas zu sehen.

Aber er machte einen Schritt nach dem anderen und tastete sich mit den Händen an der Wand entlang.

Er ging um eine Biegung, dann um noch eine Biegung. Er kam zu einer Treppe und ging hinauf.

Dort war eine weitere Tür. Er drückte dagegen. Anne half ihm, doch die Tür bewegte sich nicht. War das etwa die Tür, von der sie weggegangen waren?

Es hatte keinen Zweck. Sie waren gefangen. Anne suchte in der Dunkelheit nach Philipps Hand und drückte sie.

Sie standen zusammen oben auf der Treppe und lauschten in die Stille.

„Miau!"

„Hör doch mal!", flüsterte Philipp.

„Sie ist wieder da!", wisperte Anne.

„Miau."

„Lauf ihr nach!", rief Philipp. „Sie geht wieder weg!"

Sie liefen den dunklen Gang entlang, immer dem Miauen der Katze hinterher. So stolperten sie durch die Dunkelheit.

„Miau!"

Sie folgten dem Miauen durch viele Windungen. Tiefer, tiefer, immer tiefer. Um eine Biegung, dann um noch eine und noch eine ...

Schließlich sahen sie ein Licht am Ende des Tunnels. Sie rannten darauf zu und hinaus in das helle Sonnenlicht.

„Juchhu!", schrie Anne.

Aber Philipp überlegte. „Anne", begann er, „wie sind wir bloß aus dem falschen Gang wieder herausgekommen?"

„Die Katze ...", begann Anne.

„Aber woher wusste die Katze den Weg?", fragte Philipp.

„Zauberei!", vermutete Anne.

Philipp runzelte die Stirn. „Aber ...", sagte er.

„Sieh doch!", rief Anne und zeigte nach vorne.

Die Katze sprang durch den Sand davon.

„Danke schön!", rief Anne.

„Danke!", rief auch Philipp der Katze hinterher.

Die Katze winkte mit ihrem schwarzen Schwanz.

Dann verschwand sie in der flimmernden Hitze.

Philipp blickte zu den Palmen hinüber. Hoch oben in der einen sah er immer noch das Baumhaus.

„Zeit, nach Hause zu gehen!", meinte Philipp.

Die beiden machten sich auf den Weg zu den Palmen. Es war eine lange, heiße Strecke zurück. Schließlich packte Anne die Strickleiter. Dann Philipp.

Sobald sie oben im Baumhaus waren, griff Philipp sofort nach dem Buch über Pennsylvania. Da hörten sie wieder das polternde Geräusch, das sie kurz zuvor in der Pyramide schon gehört hatten.

„Schau nur!", rief Anne und deutete aus dem Fenster.

Philipp sah nach draußen. Neben der Pyramide fuhr ein Boot. Es glitt über den Sand, als wenn es übers Meer fahren würde. Dann verschwand es in der Ferne.

War das auch wieder eine Fata Morgana? Oder war es die Geisterkönigin, die endlich auf dem Weg in das nächste Leben war?

„Ich will heim, Philipp", flüsterte Anne.

Philipp schlug das Pennsylvania-Buch auf. Er deutete auf das Bild von Pepper Hill.

„Ich wünschte, wir wären wieder zu Hause", sagte er.

Ein Wind erhob sich. Die Blätter fingen an zu zittern.

Der Wind wurde stärker und pfiff immer lauter.

Das Baumhaus begann sich zu drehen. Es drehte sich schneller und immer schneller.

Dann war alles still. Totenstill.

Der geheimnisvolle „M"

Die Sonne schien durch das Fenster des Baumhauses.
Es war später Vormittag. Schatten tanzten an den Wänden und an der Decke.
   Philipp holte tief Luft. Er lag auf dem hölzernen Boden.
   „Was Mama wohl zum Mittagessen macht?", fragte Anne.
   Sie sah aus dem Fenster.
   Philipp lächelte. ‚Mittagessen', ‚Mama', ‚zu Hause' – das hörte sich so wirklich an, so ruhig, so sicher.
   „Ich hoffe, es gibt Brote mit Erdnussbutter und Marmelade", sagte er.

Er schloss die Augen. Der Holzfußboden fühlte sich angenehm kühl an.

„Mensch, hier sieht es vielleicht aus!", sagte Anne. „Räumen wir lieber ein wenig auf – falls ‚M' zurückkommt."

Philipp hatte diesen „M" fast schon vergessen.

Ob sie den geheimnisvollen „M" je kennen lernen würden? Denjenigen, dem all die Bücher hier gehörten?

„Lass uns das Ägypten-Buch ganz unten in den Stapel legen", schlug Anne vor.

„Gute Idee!", fand Philipp. Er brauchte erst einmal eine Pause, ehe er noch mehr Grabmale des Altertums besuchen wollte.

„Und das Dinosaurier-Buch legen wir auf das Ägypten-Buch", sagte Anne.

„Einverstanden!", sagte Philipp. Er brauchte eine noch längere Pause, ehe er den Tyrannosaurus rex noch einmal besuchen wollte.

„Das Ritter-Buch legen wir ganz oben auf den Stapel", schlug Anne vor.

Philipp nickte lächelnd. Er dachte gerne an den Ritter auf dem Umschlag des Buches. Der war fast wie ein Freund für ihn.

„Philipp! Guck mal!", rief Anne.

Philipp öffnete wieder die Augen. Anne deutete auf den Holzfußboden.

„Was ist denn?", fragte er.

„Sieh selbst!"
Philipp stöhnte und stand auf. Er stellte sich neben Anne und starrte auf den Boden. Aber er sah nichts.

„Dreh den Kopf ein wenig", wies Anne ihn an. „Das Licht muss genau drauffallen."

Philipp legte den Kopf ein wenig zur Seite. Irgendetwas schimmerte auf dem Fußboden.

Als er den Kopf noch ein bisschen schräger legte, wurde ein Buchstabe erkennbar: der Buchstabe „M". Er schimmerte im Sonnenlicht.

Das bewies, dass das Baumhaus wirklich diesem „M" gehörte.

Ganz sicher. Keine Frage. Darüber gab es überhaupt keine Zweifel.

Philipp berührte das M mit dem Finger. Seine Haut kribbelte.

In diesem Augenblick fingen die Blätter wieder an zu rauschen. Der Wind wurde stärker.

„Lass uns jetzt lieber rausgehen", sagte Philipp.

Er packte seinen Rucksack, und dann kletterten die Geschwister die Strickleiter nach unten. Als sie unten auf der Erde standen, hörte Philipp ein Rascheln im Gebüsch.

„Wer ist da?", rief er.
Es wurde ganz still im Wald.
„Ich werde das Medaillon bald zurückbringen", sagte Philipp laut. „Das Lesezeichen auch. Beides. Morgen!"
„Mit wem redest du da eigentlich?", fragte Anne.
„Ich habe das Gefühl, dass ‚M' ganz in der Nähe ist!", flüsterte Philipp.

Anne bekam ganz große Augen.
„Sollen wir ihn suchen?", flüsterte sie.

Aber in dem Augenblick rief ihre Mutter: „Phi-lipp! An-ne!"

Philipp und Anne ließen ihren Blick über die Büsche schweifen, dann sahen sie sich an.

„Morgen!", sagten sie gleichzeitig.

Sie liefen zusammen los – heraus aus dem Wald.

Sie rannten die Straße entlang, über den Hof und ins Haus.

Sie rannten in die Küche und direkt in ihre Mutter, die gerade Brote mit Erdnussbutter und Marmelade machte.

Für Dr. Jack Hrkach

Will Osborne und Mary Pope Osborne

Forscherhandbuch Mumien

Illustriert von Sal Murdocca und Rooobert Bayer

Aus dem Amerikanischen übersetzt
von Cornelia Panzacchi

1
Das alte Ägypten

Mumien und Pyramiden stellten für lange Zeit ein großes Geheimnis dar. Wie waren die Pyramiden entstanden? Warum wurden Tote mumifiziert? Was bedeuten die Inschriften auf ihren Särgen?

Doch in den letzten 200 Jahren fanden Forscher sehr viel über die Menschen heraus, die Pyramiden bauten und Mumien beisetzten.

Sie arbeiteten und genossen das Leben. Sie begeisterten sich für die Wissenschaft und liebten Musik.

Jemand, der das alte Ägypten erforscht, ist ein Ägyptologe.

Sie glaubten an einen Sonnengott und an eine Katzengöttin. Sie dachten, sie würden ewig leben.

Wir nennen diese Menschen *die alten Ägypter*.

In Ägypten entwickelte sich eine der ältesten Hochkulturen der Welt. Vor 5 000 Jahren erfanden die Ägypter eine der ersten Schriften. Aus Papyrusschilf machten sie den Vorläufer unseres Papiers.

Sie erdachten einen Kalender, der unserem heutigen ähnlich ist.

Eine Hochkultur ist eine hoch entwickelte Gemeinschaft, die Wissenschaft, Kunst und Schrift kennt.

Die alten Ägypter errichteten fantastische Bauwerke. Ihre Maler und Bildhauer schufen herrliche Kunstwerke. Ihre Ärzte studierten, wie der menschliche Körper funktioniert.

Wie konnte in Ägypten so früh eine Hochkultur entstehen?

Die meisten Historiker nehmen an, dass der Nil der Grund dafür ist.

Der Nil ist der längste Fluss der Welt. Er fließt mitten durch Ägypten.

Der Nil schenkte den Ägyptern Trinkwasser und Wasser zum Baden. Die Fischer fingen im Nil viele verschiedene Fische. Die Jäger jagten an seinen Ufern Vögel. Der Fluss konnte von Booten befahren werden, die Menschen und Waren beförderten.

Das wichtigste Geschenk des Nils an die Ägypter waren aber weder die Fische noch das Trinkwasser. Es war der Schlamm!

Die Sahara ist die größte Wüste der Welt!

Fluten und Felder

Die Wüste Sahara nimmt einen großen Teil der Fläche Ägyptens ein. Wüstenboden ist sandig oder felsig. Er eignet sich nicht für den Anbau.

Die alten Ägypter nannten die Wüste Rotes Land. Im Roten Land lebten keine Menschen; hier wuchs so gut wie nichts.

Das Land an den Nilufern aber war dunkel und weich. Die Ägypter nannten dieses Gebiet Schwarzes Land. Das Schwarze Land war eine der fruchtbarsten Gegenden der Welt. Warum eignete sich das Schwarze Land so gut für den Anbau?

Jedes Jahr im Juli überflutete der Nil seine Ufer und bedeckte das Land zu beiden Seiten mit einer Schicht von Schlamm.

Der schwarze Schlamm war sehr nährstoffreich: Er enthielt reichlich von allen Stoffen, die Pflanzen zum Wachsen brauchen.

Im November zog sich das Wasser zurück, und die Bauern pflügten das Schwarze Land. Dann säten sie aus.

Im März konnten sie ernten. Sie hatten meist eine reiche Ernte; das heißt, dass alle genug zu essen hatten.

Ernten bedeutet, Feldfrüchte einzusammeln und sie in Vorratslager zu schaffen.

Das Bauernjahr

Juli: Nilflut
November: Säen
März: Ernten

Zwei Reiche

Im fruchtbaren Schwarzen Land am Nil entstanden Dörfer. Einige der Dörfer wurden zu Städten. Mit der Zeit schlossen sich Dörfer und Städte zu zwei Reichen zusammen.

Viele Jahre lang hatte jedes Reich einen eigenen König. Ein König herrschte über das Land im Norden, durch das der Nil fließt, bevor er ins Meer strömt. Der andere König regierte im Land des Südens, im oberen Niltal.

Vor etwa 5 000 Jahren vereinigte ein König namens Menes die beiden Reiche.

Vereinigen bedeutet zusammenführen.

König Menes gründete eine Hauptstadt nahe der früheren Grenze.

Er trug eine Krone, die aus den Kronen der beiden Reiche hergestellt worden war.

Die meisten Historiker sagen, dass die Vereinigung der beiden Reiche der Beginn der großen ägyptischen Zivilisation war. Als sich König Menes die Doppelkrone aufsetzte, wurde eine Hochkultur geboren, die 3 000 Jahre lang bestehen sollte.

Auf den folgenden Seiten lernst du die ägyptische Schrift kennen.

Hieroglyphen

Die alten Ägypter entwickelten eine Bilderschrift. Die Schriftzeichen nennt man *Hieroglyphen*.

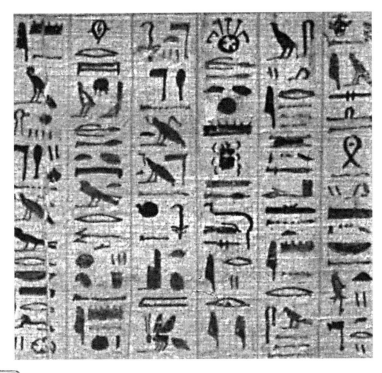

Die meisten Bildsymbole zeigten Dinge des täglichen Lebens.

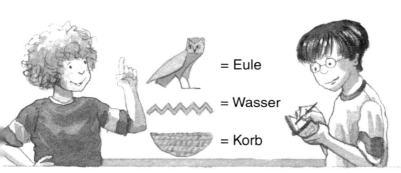

Aber nicht immer bedeutete das Bild nur das, was es darstellte.

Die meisten Ägypter konnten die Hieroglyphen nicht lesen. Es gab mehr als 700 verschiedene Bildsymbole.

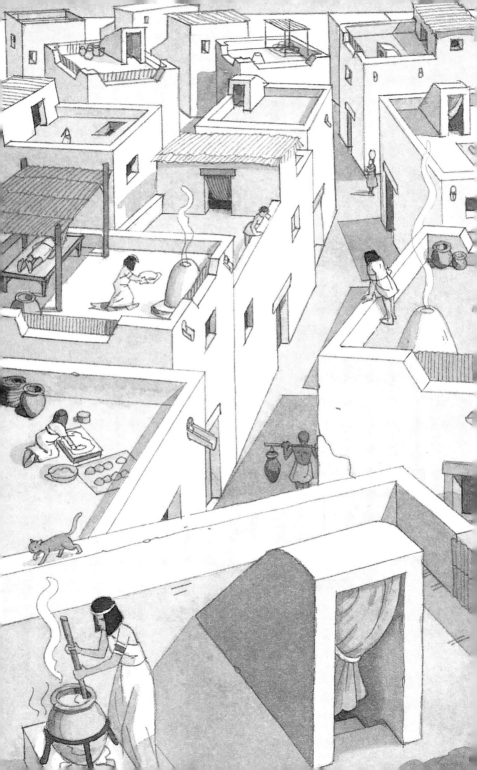

2
Der Alltag

Die meisten Bewohner des alten Ägypten waren Bauern. Sie lebten in Dörfern und Städten im Schwarzen Land an den Nilufern. Ihre Häuser bauten sie aus Lehmziegeln. Der Lehm für die Ziegel war ein weiteres Geschenk des Nils.

Auch die Häuser reicher Leute standen dicht beieinander.

Alle Häuser hatten hohe, flache Dächer. Gekocht wurde meistens auf dem Dach. Im Sommer schliefen die Familien hier auch.

Arme Familien lebten meist in nur einem Zimmer zusammen. Reiche Leute besaßen größere Häuser. Sie hatten Diener, die für sie wuschen und kochten.

Die meisten Ägypter hatten nicht viele Möbel. In den Häusern gab es nur einige

In einem ägyptischen Haus sah es ungefähr so aus wie hier.

Hocker, kleine Tische sowie Matten. Die Wände waren in bunten Farben gestrichen. Die Decken waren hoch, damit es innen kühler blieb.

Geschlafen wurde auf Betten aus Holz und Schilf. Statt Kissen benutzte man Kopfstützen. Diese waren meist aus Holz geschnitzt.

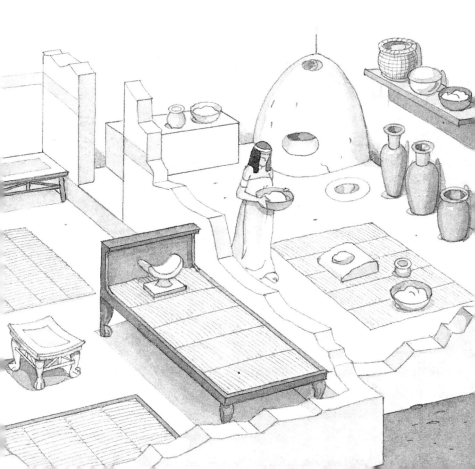

Mit Klima bezeichnet man das Wetter und die Temperatur, die an einem Ort gewöhnlich herrschen.

Ägypten hat ein warmes Klima. Darum trugen die alten Ägypter nur selten Schuhe. Ihre Kleidung war meist weiß und weit und aus Leinen gefertigt. Leinen wird aus den Fasern der Flachs- oder Leinpflanze hergestellt.

Ihr Aussehen war den alten Ägyptern sehr wichtig. Sowohl reiche Frauen als auch Männer schminkten ihre Augen und trugen Perücken. Sie schmückten sich auch mit Ketten, Armreifen und Ringen.

Die Ägypter liebten Parfüm. Sie rieben sich die Haut mit wohlriechenden Ölen und Salben ein.

Kinder und Familienleben

Die Ägyptologen sind sicher, dass die alten Ägypter kinderlieb waren. Ihre Kunstwerke stellen häufig Eltern dar, die mit ihren Söhnen und Töchtern spielen.

Wahnsinn! Die kleinen Kinder hatten in Ägypten gar nichts an!

Die Jungen und
Mädchen spielten
mit Kreiseln und
Bällen, Puppen und
Tieren aus Holz.

Spielzeugpfer.

Brettspiele waren bei Kindern und
Erwachsenen beliebt. Sie waren ein bisschen so wie bei uns Schach oder Dame.

 Grabmalerei, die eine ägyptische Königin bei einem Brettspiel darstellt

Die meisten Kinder gingen nicht zur Schule. Sie lebten bis zu ihrer Heirat bei ihren Eltern.

Den Kindern wurden die Köpfe rasiert. Nur an der Seite blieb eine dicke Strähne stehen.

Die alten Ägypter gehören zu den ersten Menschen, die sich Haustiere hielten. Sie liebten sie und behandelten sie wie Familienmitglieder. Es heißt, dass sich einmal eine ganze ägyptische Familie nach dem Tod ihrer Katze als Zeichen der Trauer die Augenbrauen abrasiert habe.

Künstler und Handwerker

Im alten Ägypten gab es viele begabte Künstler und Handwerker.

Bildhauer und Maler verzierten die Paläste und Tempel. Töpfer fertigten Schüsseln, Krüge und Statuen aus Ton.

Weber fertigten Laken und Kleidungsstoffe.

Eine Barke hat drei oder mehr Masten.

Schiffbauer errichteten Segelboote und Barken, mit denen der Nil befahren wurde.

Andere Handwerker stellten Lederwaren und Schmuck her.

Ägyptische Handwerker

Bildhauer und Maler

Töpfer

Weber

Schiffbauer

Gerber und Schuster

Goldschmiede

Die ägyptischen Handwerker waren sehr geschickt. Meist arbeiteten sie in großen Werkstätten zusammen, wie auf diesem Bild.

Schreiber

Einer der wichtigsten Berufe im alten Ägypten war der des Schreibers.

 Geschrieben wurde auf Schriftrollen, die aus Fasern der Papyruspflanze hergestellt waren.

Schreiber führten die Bücher für die Regierung und für Kaufleute.

Gegen Bezahlung schrieben sie Zaubersprüche und wissenschaftliche Abhandlungen ab.

Die Ausbildung zum Schreiber dauerte viele Jahre und war sehr schwierig.

Es war nicht leicht, die Hieroglyphen auswendig zu lernen. Weil die meisten Ägypter diese Schrift nicht beherrschten, bezahlten sie Schreiber, die für sie schrieben und lasen.

Echt unfair! Meist durften nur Jungen zur Schule gehen und Schreiber werden.

Die Pharaonen

Die Herrscher Ägyptens lebten ganz anders als ihre Untertanen. Sie hatten hunderte von Dienern. Sie wohnten in großen Palästen.

Man nannte die Könige Pharaonen. Sie hatten Macht über Leben und Tod. Die alten Ägypter glaubten, sie würden auch über das Wetter, die Nilfluten und das Wachstum der Feldfrüchte herrschen.

Das Wort **Pharao** bedeutet „großes Haus".

Die Ägypter sahen in ihrem Pharao mehr als einen Menschen. Sie verehrten ihn als Gott.

Anne und Philipp stellen vor:
Die Tiere des alten Ägypten

An den Ufern des Nils lebten Krokodile, Flusspferde und schöne Vögel; aber es gab auch Löwen, wilde Stiere und Schakale. Statuen und Schmuckstücke hatten oft Tiergestalt.

Dieser Glasfisch enthielt Parfüm.

Die Gans aus Holz saß auf hölzernen Eiern.

Der Löwe bewachte einen Salbentopf.

Das Flusspferd war ein Glücksbringer.

3
Die Religion

Die alten Ägypter verehrten ihren Pharao. Außerdem beteten sie zu vielen Göttern und Göttinnen.

Die Ägypter stellten sich ihre Götter und Göttinnen auf viele verschiedene Arten vor. Einige sahen wie normale Männer und Frauen aus. Andere hatten Tiergestalt. Viele waren halb Mensch, halb Tier.

Die Ägypter glaubten, dass die Götter und Göttinnen über alles wachten und alles beobachteten, was die Menschen taten.

Königin mit dem falkenköpfigen Gott Horus

Tempel

Die Ägypter bauten ihren wichtigsten Göttern und Göttinnen Tempel. In den Tempeln stellten sie heilige Statuen auf. Priester dienten den Statuen. Sie wuschen und kleideten sie und servierten ihnen sogar Mahlzeiten!

Gewöhnliche Menschen durften die

Statuen in den Tempeln nicht sehen. Sie beteten vor dem Tempel und ließen dort ihre Geschenke zurück. Zu Hause stellten sie Statuen ihrer Lieblingsgötter auf und beteten zu ihnen.

Das Jenseits

Der Glaube an ein Jenseits spielte in der Religion der alten Ägypter eine wichtige Rolle. In das Jenseits gingen die Menschen nach ihrem Tod ein. Hier konnten sie sich an vielen Dingen erfreuen, die sie schon im Leben auf Erden kennen gelernt hatten.

Die Ägypter glaubten, dass Menschen aus drei Teilen bestehen. Der erste Teil ist der Körper.

Der zweite Teil ist der *Ka*. Der Ka ist die Lebenskraft eines Menschen. Er macht den Menschen lebendig.

Der dritte Teil ist der *Ba*. Der Ba bewirkt, dass jeder Mensch anders ist.

Die Ägypter glaubten, dass beim Tod eines Menschen Ba und Ka seinen Leib verließen. Damit der Mensch im Jenseits weiterleben konnte, mussten Ba und Ka wieder zusammenkommen.

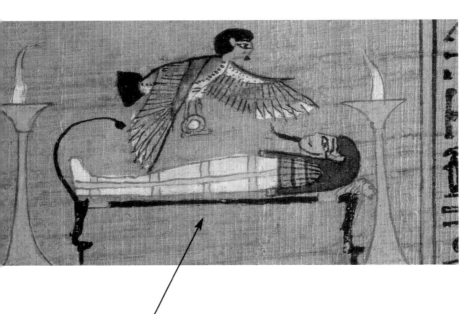

 Der Ba wurde häufig als Vogel mit Menschenkopf dargestellt.

Der Körper war die Behausung von Ba und Ka. Deshalb war es notwendig, dass der Körper eines Toten nicht verweste.
Darum mumifizierten die Ägypter die Verstorbenen.

Auf den folgenden Seiten lernst du die ägyptischen Gottheiten kennen.

Götter und Göttinnen des alten Ägypten

Die alten Ägypter verehrten viele Götter und Göttinnen. Hier stellen wir einige der wichtigsten vor.

Re

Re war der Sonnengott. Er wurde manchmal als Mann mit Falkenkopf dargestellt. Die Ägypter verehrten ihn als Schöpfer der Welt. Sie glaubten, dass er jeden Tag in einem goldenen Boot über den Himmel fahren würde. Bei Sonnenuntergang steuerte Re sein Boot in die Unterwelt, die unter der Erde lag. Bei Sonnenaufgang stieg Re aus der Unterwelt auf und fuhr wieder über den Himmel.

Osiris und Isis

Die Ägypter glaubten, Osiris und Isis seien der erste König und die erste Königin Ägyptens gewesen. Osiris wurde von seinem bösen Bruder getötet, aber Isis gelang es, ihn wieder ins Leben zurückzuholen.

Osiris wurde zum Totengott und Herrscher über die Unterwelt.

Isis wurde die Göttin der Heilkunst, der Ehe und der Mutterschaft.

Horus

Horus war der Sohn von Isis und Osiris. Die Ägypter stellten ihn sich mit einem Falkenkopf vor. Sie glaubten, dass ihr Pharao Horus in Menschengestalt sei.

Bastet

Die Katzengöttin Bastet war die Tochter Res. Sie wurde als Katze oder als Frau mit Katzenkopf dargestellt. Die Ägypter glaubten, sie könne durch die Kraft der Sonne das Wachstum der Feldfrüchte anregen. Jedes Jahr beteten sie zu Bastet um eine gute Ernte. Bastet war auch die Göttin der Musik und des Tanzes, der Freude und der Liebe.

Thot

Thot war der Gott des Mondes. Die Ägypter glaubten, er habe ihnen die Fähigkeit des Schreibens geschenkt. Er war auch der Gott der Medizin und der Mathematik. Manchmal wurde er als Pavian dargestellt, meist aber als Mann mit Vogelkopf.

Bes

Bes war einer der beliebtesten Götter. Er war klein, pummelig und fröhlich. Er hatte die Ohren und den Schwanz eines Löwen, aber den Körper und das Gesicht eines Mannes. Bes brachte den Familien Freude und Glück und beschützte ihren Haushalt.

Ein Satz Särge

4
Mumien

Normalerweise verwest der Körper eines Menschen oder Tieres nach seinem Tod. Das bedeutet, dass Haut, Haare, Muskeln und andere Bestandteile des Körpers verfaulen. Schließlich bleiben nur die Knochen übrig.

Eine Mumie ist eine Leiche, die vor Verwesung geschützt wurde.

Die ersten ägyptischen Mumien

Vermutlich sind die ersten ägyptischen Mumien durch Zufall entstanden.

Die alten Ägypter brauchten das Land am Nil für den Ackerbau. Deshalb begruben sie ihre Toten in der nahen Wüste.

Der heiße Sand trocknete die Leichen schnell aus. Sie verwesten nicht, sondern wurden zu Mumien.

Ägyptologen glauben, dass die Ägypter mehr als 70 Millionen Mumien herstellten.

Die Ägypter untersuchten diese Mumien und lernten so, den Körper vor dem Verfall zu schützen.

Die Mumifizierung

Die Verwandlung einer Leiche in eine Mumie war sehr langwierig. Die Ägypter glaubten, der Gott Anubis wache über diesen Vorgang. Anubis besaß einen Menschenkörper und einen Schakalkopf. Deshalb trug der Oberpriester eine Schakalmaske.

Schakale sind wilde Verwandte der Hunde und leben in Asien und Nordafrika.

Der Ort, an dem die Priester arbeiteten, wurde *Schönes Haus* genannt. Im

Schönen Haus geschah alles mit großer Sorgfalt.

Zuerst wurden alle Organe außer dem Herzen entnommen. Die Ägypter glaubten, die Götter würden das Herz eines Toten wiegen, wenn dieser am Tor zur Unterwelt stand. Am Gewicht würden die Götter erkennen, ob der oder die Betreffende ein gutes Leben gelebt hatte.

Die anderen Organe kamen in besondere Krüge, die mit der Mumie beigesetzt wurden.

Oje! Die alten Ägypter wussten nicht, wozu das Gehirn da ist; deshalb warfen sie es weg.

Als Nächstes wuschen die Priester den Leichnam mit Wein. Sie sprachen über ihm Gebete und rieben ihn mit Öl und Gewürzen ein.

Dann bedeckten sie ihn mit Natron, einer Art Salz. Das Natron trocknete die Leichen schneller aus als Wüstensand. So konnte der Leichnam nicht verwesen.

Harz ist der klebrige Saft bestimmter Bäume und Pflanzen.

Zuletzt legten die Priester den Leichnam auf einen abgeschrägten Tisch und beteten erneut. Dann ließen sie ihn dort ungefähr 40 Tage lang zum Trocknen liegen.

Der ausgetrocknete Körper wurde mit Leinenbändern umwickelt. Die Bänder waren zuvor mit Harz getränkt worden.

Wenn sie trockneten, wurden sie sehr hart.

Zwischen die Leinenbänder steckten die Priester viele Glücksbringer. Die alten Ägypter glaubten, dass sie die Toten in ihrem nächsten Leben beschützen würden.

Manche Mumien wurden mit über hundert Glücksbringern beigesetzt.

Die Priester wickelten die Mumie von Kopf bis Fuß in Leinenbinden ein.

Manchmal wurde über den Kopf des Toten eine Maske mit seinen Gesichtszügen gelegt. Das sollte Ba und Ka helfen, ihn wieder zu erkennen.

Die Schicht von Leinenbinden konnte mehrere Zentimeter dick sein.

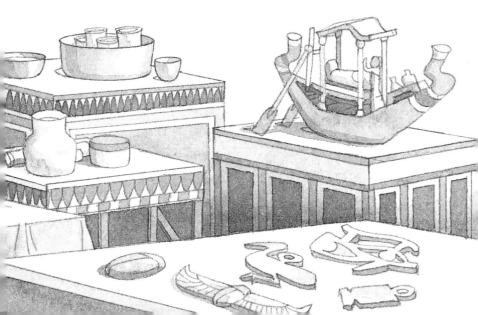

Manche Mumien wurden in Särge aus Stein gelegt, die man Sarkophage nannte.

Wenn die Mumie gründlich umwickelt war, wurde sie in ihren Sarg gelegt. Meist wurde noch das Gesicht des oder der Verstorbenen auf den Sarg gemalt.

Viele Särge wurden mit Malereien und Inschriften verziert. Die Bilder stellten den Eintritt des Verstorbenen ins Jenseits und seine Begegnungen mit den Göttern dar. Die Inschriften waren Gebete und magische Formeln.

Die frühen Särge waren rechteckige Kästen wie dieser:

Später waren die Särge ähnlich geformt wie die Mumie.

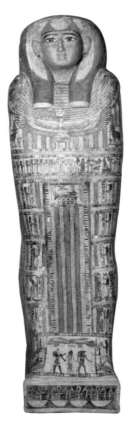

Die Mumie wurde in den Sarg gelegt, und dieser wurde versiegelt. Dann wurde der Sarg zur Grabstätte gebracht.

In der Grabstätte ruhen die Toten.

Amulette

Die Glücksbringer, die zwischen die Leinenbänder der Mumien gelegt wurden, nennt man *Amulette*. Manche Amulette waren kleine Götterstatuen. Andere waren Symbole wie eine Treppe, die den Weg ins Jenseits darstellte. Beliebt waren Amulette in Form des Käfers Skarabäus.

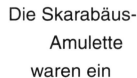

Die Ägypter glaubten, ein riesiger Skarabäus rolle jeden Morgen die Sonne in den Himmel. Die Skarabäus-Amulette waren ein

Symbol der Wiedergeburt im Jenseits. Häufig hatten die Käfer Flügel.

Auch das Amulett „Auge des Horus" war sehr verbreitet. Dem Glauben der Ägypter zufolge verlor Horus im Kampf  mit seinem bösen Onkel ein Auge. Der Gott Thot setzte es ihm wieder ein.

Die Ägypter glaubten, dass eine Mumie aus ihrem Sarg hinaussehen könnte, wenn das Auge des Horus auf den Sarg gemalt war.

5
Beisetzungen

Ägyptische Beisetzungen waren große Ereignisse. Die Ägypter stellten sie sich als Beginn der Reise des Toten ins Jenseits vor.

Wenn die Mumie zu ihrem Grab gebracht wurde, bildeten Angehörige und Freunde einen Leichenzug. Sie gingen hintereinander her wie bei einer Prozession.

Ausgangsort war das Haus des Toten. Neben den Familienmitgliedern und Freunden schlossen sich auch Priester und Diener dem Zug an.

Wer trauert, zeigt seine Traurigkeit.

Es war wichtig, dass sehr viele Menschen an der Prozession teilnahmen. Die Familie des Toten bezahlte sogar manchmal Leute dafür, im Leichenzug mitzugehen und zu trauern. Diese Leute hatten den Toten vielleicht gar nicht gekannt. Trotzdem schrien und weinten sie und bewarfen sich mit Sand, um ihren Schmerz zu zeigen.

Wenn sie besonders überzeugend trauerten, bekamen sie mehr Geld.

Die Teilnehmer am Leichenzug führten Dinge mit, von denen sie glaubten, dass der Tote sie im Jenseits brauchen könnte: Nahrungsmittel und Getränke, Waffen, Werkzeug und Musikinstrumente. Für ein totes Kind wurde auch Spielzeug mitgenommen.

Der Leichenzug ging erst zum Schönen Haus. Hier wurde die Mumie in ihrem Sarg auf eine hölzerne Barke gelegt. Ochsen zogen dieses Totenschiff durch die Wüste zu dem Ort, an dem die Mumie beigesetzt werden sollte.

Unterwegs sprachen die Priester Gebete und magische Formeln. Die alten Ägypter glaubten, dass alles ganz richtig gemacht werden müsse, weil der Tote sonst niemals ins Totenreich gelangen würde.

Am Grab wurde ein besonderes Ritual abgehalten. Man nannte es „Das Öffnen des Mundes". Ein Priester sprach ein Gebet. Dann berührte er den Mund der Mumie. Die Ägypter glaubten, dieses Ritual ermögliche der Mumie, im Jenseits zu essen, zu trinken und zu sprechen.

Schließlich wurde die Mumie in ihr Grab gelegt.

Auf der nächsten Seite lernst
du das Totenbuch kennen.

Das Totenbuch

Die alten Ägypter glaubten, sie müssten die Unterwelt durchqueren, um in das Jenseits zu gelangen. Diese Reise war sehr gefährlich.

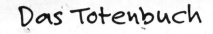

Um den Toten die Reise durch die Unterwelt zu erleichtern, wurden die Mumien zusammen mit geschriebenen Gebeten, magischen Formeln und Karten der Unterwelt bestattet: dem „Totenbuch".

Das Totenbuch war kein Buch, wie wir es kennen. Alles war auf Papyrusrollen geschrieben und gezeichnet.

Die Ägypter glaubten, dass ein Toter, der alle Anweisungen im Totenbuch befolgte und alle Prüfungen in der Unterwelt bestand, im Jenseits ein ewiges und glückliches Leben haben würde.

Die Pyramiden von Giseh

6
Das Zeitalter der Pyramiden

Die frühen Pharaonen und andere reiche Ägypter hatten Begräbnisstätten aus Lehmziegeln. Diese Gräber nennt man *Mastabas*. Sie hatten flache Dächer und abgeschrägte Seiten und sahen wie sehr große Bänke aus.

Mastaba ist die arabische Bezeichnung für Bank.

Die Mumie lag nicht in der Mastaba selbst, sondern in einem Raum darunter, der Sargkammer. Mitunter befand sich die Grabkammer in bis zu 24 m Tiefe unter der Erde.

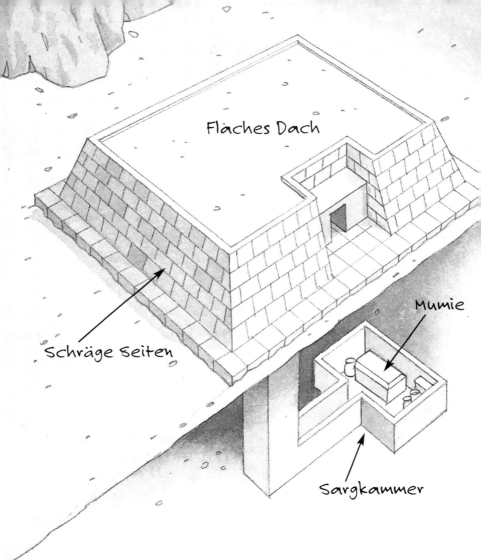

 Mastabas wurden häufig nahe beieinander gebaut. Eine Gruppe von Mastabas wurde als „Totenstadt" bezeichnet.

Die erste Pyramide

Die erste Pyramide ließ der ägyptische Architekt und Priester Imhotep erbauen. Imhoteps Pharao war König Djoser. Dieser wünschte sich die herrlichste Grabstätte, die je geschaffen worden war. Imhotep entwarf für König Djoser eine riesige Mastaba aus Stein. Es sollte die größte Mastaba von ganz Ägypten werden.

Ein **Architekt** ist jemand, der Gebäude entwirft.

Als sie gebaut wurde, beschloss König Djoser, dass er etwas noch viel Großartigeres haben wollte. Imhotep wusste nicht, was er tun sollte. Schließlich hatte er eine neue Idee.

Imhotep beschloss, auf die erste Mastaba eine kleinere zu setzen. Auf diese zweite Mastaba kam eine dritte, dann eine vierte, darauf eine fünfte und auf diese schließlich eine sechste. König

Djosers Grabstätte war also ein Stapel aus sechs Mastabas.

Imhotep hatte die erste Pyramide entworfen. Imhoteps Pyramide war fast 60 m hoch. Nach seinem Tod verehrten die Ägypter Imhotep als einen ihrer Götter.

 Imhoteps Pyramide ist eine Stufenpyramide. Sie sieht aus wie eine Treppe mit riesigen Stufen, die zum Himmel führen.

Für einige Pharaonen, die nach Djoser regierten, wurden ebenfalls Stufenpyramiden errichtet. Dann begannen die Ägypter, eine andere Pyramide zu bauen.
Die neuen Pyramiden waren zunächst auch Stufenpyramiden. Aber wenn sie fertig waren, wurden die Stufen ausgefüllt, sodass die Seiten glatte Dreiecke bildeten.
Manche Menschen meinen, dass die Form dieser Pyramiden an Sonnenstrahlen erinnern soll. Es sind diese dreieckigen Gebilde, die wir meist meinen, wenn wir an ägyptische Pyramiden denken.

Die Pyramiden von Giseh

Am berühmtesten sind die drei Pyramiden von Giseh, die alle glatte Seiten hatten. Sie wurden vor mehr als 4 500 Jahren erbaut und sind bis heute erhalten geblieben.

Die höchste der Pyramiden in Giseh wird Cheops-Pyramide genannt. Sie ist fast 150 m hoch.

Die Cheops-Pyramide ist das größte Bauwerk, das jemals aus Stein errichtet wurde.

Die Cheops-Pyramide heißt so, weil sie für den Pharao Cheops erbaut wurde. Im Jahre 1952 gruben Ägyptologen in der Nähe der großen Pyramide ein Boot aus Holz aus. Es war über 30 m lang! Sie nehmen an, dass es die Barke war, die Cheops' Leichenzug anführte und auf der sein Körper ins Grab getragen wurde.

Die Grundfläche der Cheops-Pyramide ist so groß wie zehn Fußballplätze zusammen!

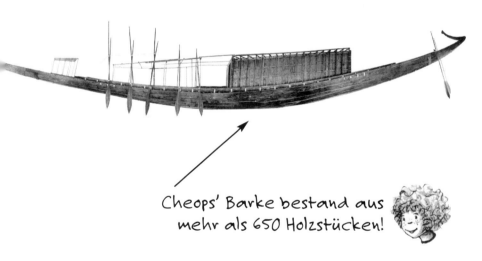

Cheops' Barke bestand aus mehr als 650 Holzstücken!

Der Bau der Pyramiden

Eine Pyramide zu bauen dauerte viele Jahre. Tausende von Menschen arbeiteten beim Bau mit.

Ägyptologen nehmen an, dass die Arbeiter die schweren Steinblöcke auf Baumstämmen durch die Wüste rollten. Einige dieser Blöcke wogen über 2 000 kg!

Niemand kann heute genau sagen, wie die Arbeiter die Blöcke an ihren endgültigen Platz brachten. Die meisten Forscher nehmen an, dass sie breite Rampen

anlegten, auf denen sie die Blöcke hochzogen. Wenn die Pyramide fertig war, wurden die Rampen entfernt.

Viele Leute glauben, dass die Bauarbeiter Sklaven waren. Das ist aber wohl nicht wahr. Die Arbeit wurde von Handwerkern und von Bauern in der Zeit der Nilfluten ausgeführt.

Sie wurden für ihre Arbeit bezahlt, doch sie arbeiteten nicht eigentlich wegen des Geldes. Sie glaubten, dadurch nach ihrem Tod ebenfalls ins Jenseits zu gelangen.

Der Sphinx

Der Sphinx bewacht die Pyramiden von Giseh. Sphinxen sind Sagenwesen mit dem Körper eines Löwen und dem Kopf eines Falken, eines Hammels oder eines Menschen.

Der Philipp-Sphinx!

Der Sphinx in Giseh hat den Körper eines Löwen und den Kopf eines Pharaos namens Chephren. König Chephrens Pyramide steht neben der Cheops-Pyramide.

Der Sphinx wurde aus einem einzigen Felsen gehauen. Er ist die größte Statue aus alter Zeit, die bis heute steht.

7
Grabschätze und Grabräuber

Die alten Ägypter wollten im Jenseits ein möglichst bequemes und glückliches Leben führen. Deshalb ließen sie sich viele Dinge in ihre Gräber legen, die ihnen nützlich sein könnten.

Mumien wurden mit Kleidung und Sandalen zum Wechseln beigesetzt, mit Schreibutensilien und Fächern. Man legte ihnen Schminke, Perücken, Kämme und Spiegel ins Grab. Die Toten sollten sich für ihr Leben im Jenseits schön machen können.

Die Mumien wurden auch mit Proviant versorgt. In den Gräbern wurden Brot, Rindfleisch, Feigen und Krüge mit Bier gefunden.

Ushebtis

Reiche Leute wollten auch im Jenseits Diener um sich haben. Da sie ihre lebenden Diener nicht mit sich nehmen konnten, ließen sie kleine Dienerfiguren anfertigen. Diese Figuren wurden *Ushebtis* genannt.

Die Ägypter glaubten, die Ushebtis würden im Jenseits lebendig werden und sich an die Arbeit machen.

In den Gräbern waren auch noch andere Statuen. Einige davon

Einige Ushebtis hatten ihre eigenen kleinen Särge.

waren Statuen des Toten. Die Ägypter glaubten, dass Ba und Ka sich in ihnen niederlassen könnten, falls die Mumie beschädigt werden sollte. Andere Statuen bewachten die Mumie und schützten vor dem Bösen.

Grabräuber

Die Grabbeigaben der Mumien konnten sehr wertvoll sein. Viele Amulette, Statuen und Särge waren aus Gold. Einige waren mit Juwelen verziert. Diese Schätze waren das Eigentum des Toten, der sich im Jenseits an ihnen erfreuen sollte. Doch immer wieder stahlen Menschen die Schätze, um sich in diesem Leben an ihnen zu erfreuen. Diese Diebe nennt man Grabräuber. Wenn Grabräuber in ein Grab einbrachen, nahmen sie alles mit, was sie für

In jede Pyramide, die bis heute erhalten blieb, sind schon Grabräuber eingedrungen.

wertvoll hielten. Sie hatten keinen Respekt vor der Mumie und ihrer Ruhestätte.

Grabräuber brachen auch Särge und Sarkophage auf. Sie holten die Amulette zwischen den Leinenbändern hervor oder stahlen den Schmuck, den die Mumie am Körper trug. Sie nahmen das Parfüm und die Öle mit, die die Mumie in ihrem nächsten Leben verwenden sollte.

Manchmal verbrannten die Grabräuber

die Mumie sogar, um durch den Feuerschein das Grab zu erhellen, das sie ausraubten.

Grabräuber lebten gefährlich. Für die alten Ägypter waren sie Verbrecher, die die Götter beleidigten. Wenn Grabräuber erwischt wurden, wurden sie geschlagen und oft getötet.

Das hielt leider andere Grabräuber nicht von ihren Plünderungen ab. Durch ihre Gier gingen viele Schätze des alten Ägypten für immer verloren.

Grabbilder

Zum Glück konnten die Grabräuber nicht die Bilder aus den Wänden der Gräber stehlen. Diese Grabbilder erzählen uns viel über das Leben im alten Ägypten.

Die Bilder zeigen häufig Leute, die tanzen oder auf Musikinstrumenten spielen. Man glaubte, dass die gemalten Figuren im Jenseits für den Toten tanzen, singen und spielen würden.

Häufig sind auch Darstellungen des Verstorbenen. Aber auch wenn er, als er starb, alt und schwach war, wird er auf den Bildern als jugendlich und gesund dargestellt. Man glaubte, dass er im Jenseits auch wieder jung sein würde.

8
Die berühmteste aller Mumien

Die Pyramiden wurden zu Ehren der Pharaonen und ihrer Familien gebaut. Aber sie waren nicht sicher, denn sie zeigten den Grabräubern auch, wo große Schätze vergraben waren.

Daher war es vielen Pharaonen wichtiger, ihre kostbaren Mumien in Sicherheit zu wissen, als große Pyramiden zu haben. Sie begannen, geheime Gräber anlegen zu lassen, und hofften, die Räuber würden sie nicht finden.

Das Tal der Könige

Das Tal der Könige war eine Stadt der Toten.

Das *Tal der Könige* liegt tief in der ägyptischen Wüste verborgen. Es ist von hohen, steilen Felswänden umgeben. Ein Berg nahe dem Tal der Könige hat die Form einer Pyramide. Die Ägypter hielten diesen Ort für das ideale Versteck für die Gräber ihrer Pharaonen.

Die Menschen, die im Tal der Könige die Gräber anlegten, gaben sich große Mühe, sie gut zu verstecken. Sie gruben geheime Kammern in den Fels und Gänge, die nirgendwo hinführten. Sie bauten Scheintüren und versperrten die richtigen Eingänge mit schweren Felsblöcken. Schwer bewaffnete Wächter bewachten die Gräber Tag und Nacht.

<u>Verborgene Gräber</u>
Geheime Kammern
Irrgänge
Wächter

Trotzdem fanden Grabräuber die Gräber und ihre Schätze. Mehr als 60 königliche Gräber waren in die Felswände des Tals der Könige gehauen – die Grabräuber brachen sie alle auf.

Das Grab des Kinder-Königs

Viele Jahre lang suchten die Ägyptologen im Tal der Könige nach dem Grab eines Pharaos, der *Tutenchamun* geheißen hatte.

Tutenchamun war ein Kinder-König. Er wurde mit neun Jahren Pharao und starb bereits mit 18 Jahren.

Aus alten Schriften wussten die Archäologen, dass Tutenchamuns Mumie im Tal der Könige beigesetzt worden war. Aber niemand hatte bisher das Grab gefunden.

Howard Carter

Howard Carter war unter den Ägyptologen, die sehr intensiv danach suchten. Er forschte bereits über fünf Jahre, als er aufgeben wollte – doch dann machte er eine Entdeckung.

Es war im Jahre 1922, als Carter unter der Ruine einer alten Arbeiterhütte Steinstufen fand.

Konnten diese Stufen zum Grab von Tutenchamun führen?

Carter und seine Leute begannen zu graben. Die Stufen führten zu einer Tür. Hinter der Tür lag ein Tunnel. Sie gruben weiter.

Schließlich erreichten sie das, was sie für den Eingang zum Grab hielten. Carter brach ein Loch in die Tür. Er hielt eine Kerze daran und spähte hindurch.

„Was sehen Sie?", rief jemand aus dem Team.

„Wunderbare Dinge", antwortete Carter.

Wohin er auch schaute – überall sah Carter Gold: goldene Statuen, goldene Dosen, goldene Sessel.

In einem anderen Raum entdeckte Carter einen großen Sarkophag aus Gold. Als er ihn öffnete, fand er darin einen Sarg.

In diesem war ein zweiter Sarg, der einen dritten Sarg enthielt. Der dritte Sarg bestand aus massivem Gold. Und in ihm war die Mumie von König Tutenchamun.

Carter und sein Team brauchten nahezu zehn Jahre, um das gesamte Grab von Tutenchamun zu erforschen. Das Grab war vor langer, langer Zeit aufgebrochen worden, aber es war kaum etwas gestohlen worden. Vermutlich hatte man die Räuber ertappt.

Die Entdeckung dieses Grabes war der berühmteste Mumienfund aller Zeiten. Die Schätze Tutenchamuns wurden inzwischen von Millionen von Menschen aus aller Welt besichtigt. Heute sind sie in einem Museum in Kairo ausgestellt, und die Mumie von König Tutenchamun ruht in ihrem Grab im Tal der Könige.

Kairo ist die Hauptstadt des modernen Ägypten.

Auf den folgenden Seiten siehst
du einige Schätze Tutenchamuns.

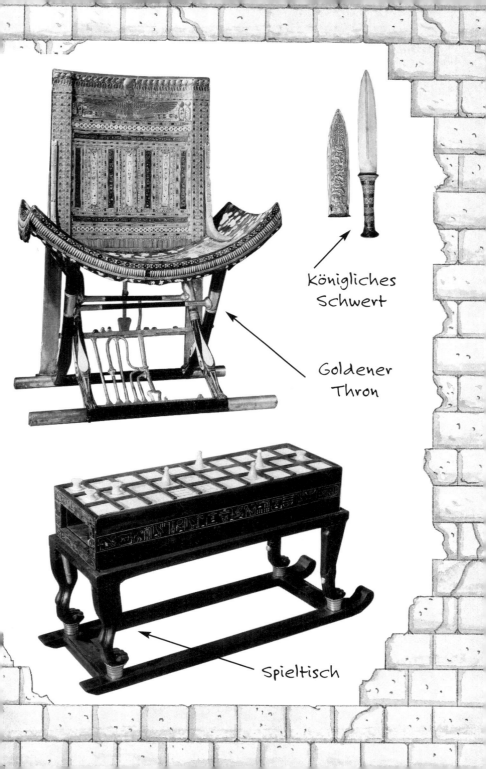

9
Das Erbe der Mumien

Jedes Jahr besuchen Millionen von Touristen die ägyptischen Pyramiden. An den Ufern des Nils stehen heute noch 35 dieser Bauwerke.

Mittlerweile sind alle Pyramiden leer. Die Mumien und ihre Schätze wurden auf Museen in aller Welt verteilt. Hier behandelt man sie vorsichtig und mit großem Respekt. Endlich sind sie vor Grabräubern sicher.

Die ägyptischen Mumien haben uns etwas sehr Wichtiges geschenkt: Wissen.

Die Inschriften, Malereien und Schätze aus ihren Gräbern zeigen uns, wie die alten Ägypter lebten, wie sie arbeiteten und was sie spielten.

Dieses Wissen lässt die ferne Vergangenheit wieder lebendig werden.

Die alten Ägypter glaubten, sie könnten ewig leben. In gewisser Weise tun sie dies auch.

Register

Ägypten, altes 93
  Tiere in 32–33
  Landschaften von
    98–99, 101
  Herrscher von, *siehe*
    Pharaonen
  Zwei Reiche von
    100–102
Ägypter, alte 93–94, 98
  Kinder der 111–113
  Alltag der 107–117
  als Bauern 98–101,
    107
  Berufe der 114–116
  Religion der 121–133
Ägyptologe 94, 111,
  136, 159, 160, 176

Amulett 139,
  142–143, 167, 168
Anubis 136
Auge des Horus 143

Ba 124–125, 139, 167
Barke 114, 147, 159
Bastet 131
Beisetzung 145–151
Bes 133

Carter, Howard
  176–180
Cheops 159, 163
Cheops-Pyramide
  158–159, 163
Chephren 163

Djoser 155–157

Giseh, *siehe*
Pyramide
Glücksbringer, *siehe*
Amulett
Götter und Göttinnen
94, 121–123, 126–133,
140, 142–143, 156
Grabbild 170–171,
186
Grab 141, 148, 153,
153, 165–166,
168–169, 173–176,
178, 180, 186
Grabräuber 167–170,
175, 180, 185
Grabschatz 165–169,
186

Harz 138
Hieroglyphe 104–105,
117
Hochkultur 94
Horus 120–121, 130,
143

Imhotep 155–156
Isis 128–130

Jenseits 123–125,
136–137, 139, 140,
142, 145, 147–148,
150–151, 161,
165–168, 171

Ka 123–125, 139, 167
Kinderfrisur 113
Klima 109

Leichenzug 145–148,
157

Mastaba 153–156
Menes 102–103
Mumie 93, 147–148,
153, 159, 165–169,
173, 176, 179–180,
185, 186
Einbalsamieren von 125
Mumiensarg 140–141,
147, 166–169

Natron 137
Nil 95–96, 98–99, 101,
107, 117–118, 185

Öffnen des Mundes
148
Osiris 128–130

Papyrus 116, 151
Pharao 117, 121,
155, 157, 159, 163,
163–155
Priester 122,
136–139, 147–148
Pyramide 93, 174
Bau der 160–161
erste 155–157
von Giseh 152,
157–159, 163
Stufenpyramide
156–157

Re 127, 131
Rotes Land 98

Sargkammer 153
Sarkophag 140
Schakal 118, 136

Schönes Haus
  136–137, 147
Schreiber 116–117
Schwarzes Land
  98–99, 107
Skarabäus 142–143
Sphinx 162–163

Tal der Könige
  174–156, 180
Tempel 122–123

Thot 132, 143
Totenbuch 150–151
Tutenchamun
  176–177, 179–180,
  182
  Schätze des
   179–180, 182–183

Ushebti 142–143

Wüste Sahara 98

Mary Pope Osborne und **Will Osborne** sind seit mehreren Jahren verheiratet und leben zusammen mit ihrem Norfolkterrier Bailey in New York. Mary hat bereits mehr als 50 Kinderbücher geschrieben; Will arbeitete lange als Schauspieler, Regisseur und Autor am Theater. Zusammen haben sie an zwei Büchern über griechische Mythologie mitgearbeitet.
Zu ihrer gemeinsamen Arbeit an dem *Forscherhandbuch Mumien* meinten die Autoren:
„Wir hatten viel Spaß an unseren Forschungsarbeiten für Mumien und Pyramiden. Die alten Ägypter waren ganz erstaunliche Menschen; je mehr wir über dieses Volk erfuhren, desto neugieriger wurden wir. Wir studierten die im Britischen Museum in London ausgestellten Mumien, Grabbilder und Hieroglypheninschriften, und wir besuchten den Tempel von Dendur im Metropolitan Museum of Art in New York. Jetzt, wo unser Buch fertig ist, haben wir festgestellt, dass unser Interesse an der ägyptischen Hochkultur noch lange nicht erloschen ist."

Jutta Knipping, geboren 1968, hat erst eine Ausbildung zur Druckvorlagenherstellerin absolviert, bevor sie in Münster Visuelle Kommunikation studierte. Schon während ihres Studiums hat sie erste Bücher illustriert. Mittlerweile ist sie freiberuflich als Grafik-Designerin und Illustratorin tätig. Jutta Knipping lebt mit ihrem Mann in der Nähe von Osnabrück und lässt sich von ihrem Kater Momo gern bei der Arbeit zugucken.

Bildnachweis
Victor Boswell/NGS Image Collection (Seite 159). The British Museum (Seite 112 oben, 115, 116, 118, 119 unten, 124, 140, 142 rechts, 142 links, 143 oben, 143 unten, 148–149, 166, 170, 171). Raphael Gaillarde/Liaison Agency (Seite 112 unten). Kenneth Garrett/NGS Image Collection (Seite 146, 172, 174). Hulton Getty/Liaison Agency (Seite 99, 120, 150, 152, 162). Michael Justice/Liaison Agency (Seite 158). Kurgan-Lisnet/Liaison Agency (Seite 156). The Learning Family Reisers/Robert Reiser © 1999/ www.LearningFamily.com (Seite 184). North Carolina Museum of Art/CORBIS (Seite 141). Rainbird/ Robert Harding (Seite 111, 119 oben, 119 Mitte, 182, 183 oben links, 183 oben rechts, 183 unten). Walter Rawlings/Robert Harding (Seite 104). © Photo. RMN Abdruck mit freundlicher Erlaubnis der Agence Photographique de la Réunion des Musées Nationaux (Seite 134). Underwood & Underwood/ CORBIS (Seite 176).